HOLZ MAL ANDERS!

Dekorationen fürs ganze Haus

Tanja Lühmann

VORWORT

Für mich ist das Arbeiten mit Holz und Farbe Entspannung pur. Es gibt nichts Schöneres als seiner Phantasie freien Lauf zu lassen. Inspiration gibt es genug. Man braucht nur die Natur, denn mit ihrem Reichtum an Farben und Formen ist sie unerschöpflich. Jeder Mensch kann, vielleicht mit einem kleinem Anstoß, für sich etwas „Großes" schaffen. Man muss nur seiner Intuition folgen und dieser dann auch vertrauen. Die Ideen umzusetzen ist mit den richtigen Materialien kein großes Problem mehr. Die größte Herausforderung ist nicht an sich zu zweifeln. Ein Funke Talent reicht schon, um einer Idee Gestalt zu geben, und die Geduld lässt das Werkstück reifen. Ich wünsche Ihnen viel Spaß und Geduld beim Gestalten der folgenden Werkstücke. Lassen Sie sich selber inspirieren und setzen Sie Ihre eigenen Ideen um. Versuchen Sie es!

Tanja Lühmann

DANKE!

Dieses Buch möchte ich meiner Familie widmen. Für eure Hilfe, euren Rat und eure Ideen, die Räume und das leckere Essen – danke!

Impressum:

© 2004 Bücherzauber Verlag GmbH, 41540 Dormagen

ISBN: 3-935997-86-8 Best.-Nr.: 97868

Fotos: Peter Wirtz, Dormagen
Styling: Angelika Nowotny, Agata Franica
Grafik/Zeichnungen: Daria Broda
Lithos: IMS Integrated Media Solutions GmbH, Köln
Layout/Satz/Bildbearbeitung: Marion Haustein, Dormagen
Druck: Grenz-Echo, Eupen www.grenzecho.be

1. Auflage 2004

MATERIAL & WERKZEUG

Pappel-Sperrholz
(10 mm dick)

Schmirgelpapier

Holzleim

schwarzer
Lackstift

Bleistifte
(H, HB, 2B)

Pastellkreiden

Schere

Dekupiersäge

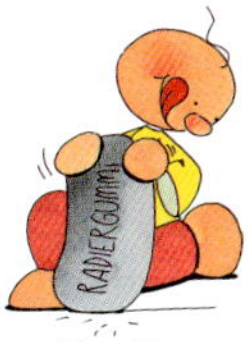

weicher Radiergummi
oder Knetradiergummi

seidenmatter Klarlack

Lineal

Außerdem:

- Zirkel
- Kohlepapier
- Transparentpapier
- Acrylfarben
- Spax-Schrauben
- Bohrmaschine
- Kreppband
- Angelschnur (Nylonschnur)
- Papierwischer
- Alustäbe

SCHRITT FÜR SCHRITT

1. Das gewünschte Motiv mit allen Konturen und Markierungen vom Vorlagenbogen auf Transparentpapier übertragen. Das Papier auf das Holz legen, Kohlepapier dazwischenschieben und beides mit Kreppband fixieren. Die Konturen mit einem harten Bleistift nachfahren. Die Fixierung wieder lösen und die Papiere herunternehmen.

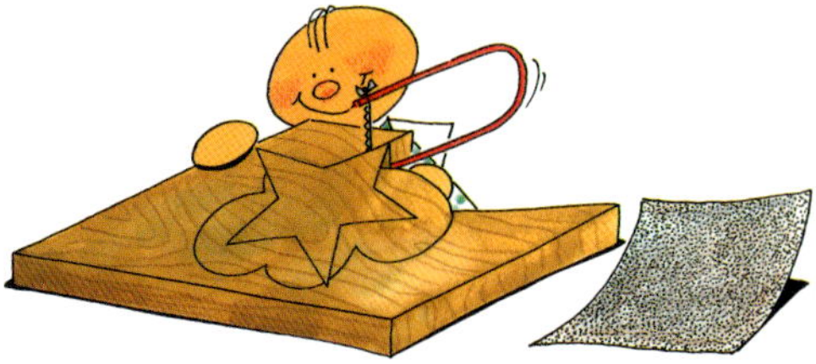

2. Nun die Motive entlang der Konturen aussägen. Einige Motive wurden mit einer traditionellen Handlaubsäge ausgesägt und diese wurde später durch eine Dekupiersäge ersetzt. Das ist jedoch nicht notwendig. Per Hand dauert es etwas länger, aber mit etwas Übung kann das gleiche Ergebnis erzielt werden. Lassen Sie sich Zeit dabei. Je genauer gearbeitet wird, um so weniger Nacharbeiten sind erforderlich.

Falls eine Rundung nicht nach Wunsch ausgefallen ist, kann sie nach dem Sägen mit Schmirgelpapier korrigiert werden. Aber immer mit Bedacht. Es können sonst Kanten entstehen, die so nicht vorgesehen oder gewollt sind. Zum Abschluss die Kanten mit Schmirgelpapier glätten.

TIPP: Zum Schmirgeln benutze ich Wasser-Schmirgelpapier mit einer 400er oder 600er Körnung. Damit lässt sich einfacher arbeiten und man erzielt weichere Übergänge am Werkstück. Das Wasser-Schmirgelpapier hinterlässt keine Riefen und die Kanten erscheinen runder.

3. Das Werkstück mit einer weißen Lasur grundieren, damit die Farben später eine intensivere Leuchtkraft haben und die Poren des Holzes schon gesättigt sind. Diesen Überzug aus einer weißen wasserlöslichen Farbe und Wasser herstellen. Nach dem Trocknen der Lasur scheinen die aufgezeichneten Konturen wieder durch. Auf die getrocknete Lasur die Farben auftragen.

TIPP: Ich arbeite mit weichen Borstenpinseln und feinen Haarpinseln. Die dunklere Farbe trage ich mit einem Haarpinsel an der Kontur entlang auf, nehme dann den Borstenpinsel mit der helleren Farbe und streiche durch die dunkle Farbe hindurch und erziele so schöne Farbverläufe.

4. Ist die Fläche des Werkstückes vollständig mit Farbe ausgefüllt, werden die Schattierungen durch die Kreide erzeugt. Die Kreide entlang der Umrisse führen und mit einem Papierwischer verstreichen. Dadurch wird die Kreide auch in die Struktur des Holzes gerieben und erscheint als kompakter Farbanstrich. Bei Verläufen die Kreide großflächiger verwischen. Highlights mit weißer Kreide und Umrandungen mit dunkler Kreide setzen.

TIPP: Sollten Sie zu viel Kreide aufgetragen haben, kann sie mit einem weichen Radiergummi (am besten mit einem Knetradiergummi) wieder entfernt werden. Dabei nicht reiben, sondern die Kreide abtupfen. Jede abgenommene Kreidemenge auf ein separates Papier abtragen. Am liebsten arbeite ich mit Kreidestiften. Sie sind einfacher zu handhaben als Kreideblöcke und ermöglichen ein präziseres Arbeiten. Kreidestifte werden in einem guten Bastelgeschäft auch einzeln angeboten.

5. Die Farbverläufe mit Klarlack fixieren, damit die Kreide nicht mehr verwischt.

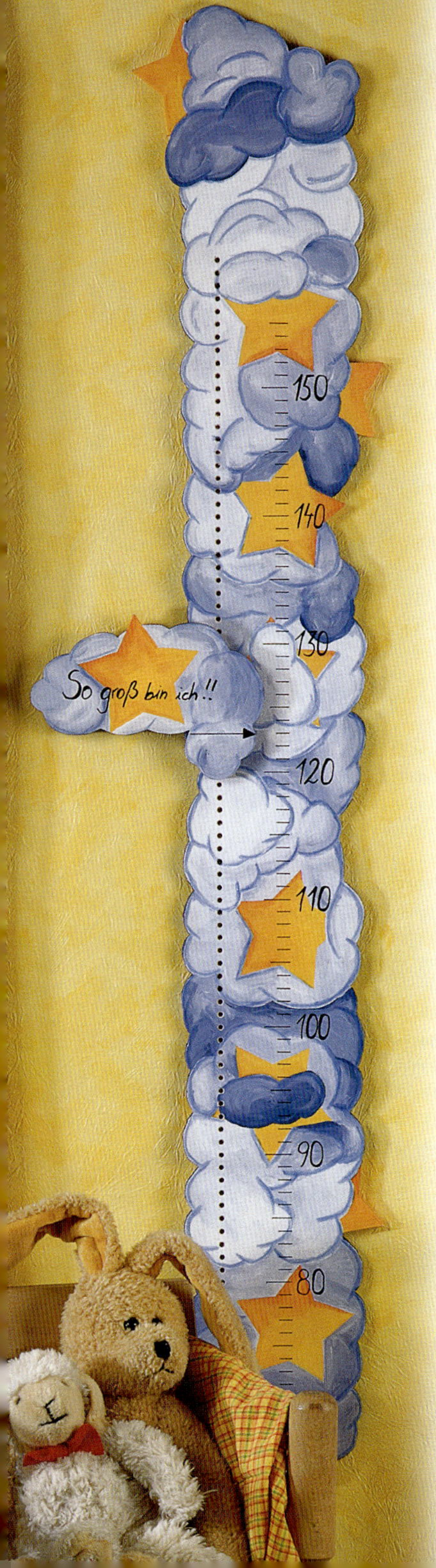

SO GROß BIN ICH!

Material

- Pappel-Sperrholz, 10 mm dick
- 2 Holzdübel, Ø 4 mm, 1,3 cm lang
- Farben: weiß, gelb, orange, blau
- Kreide: weiß, gelb, hellgelb, orange, hellblau, dunkelblau
- schwarzer Lackstift
- matter Klarlack
- 2 Bilderhaken

Die Messlatte und den Größenanzeiger auf das Holz übertragen und aussägen. Die Kanten mit einem Schmirgelpapier bearbeiten. Beide Teile mit weißer Lasur grundieren und über Nacht trocknen lassen.

Die Messlatte und den Größenanzeiger laut Abbildung mit den Blautönen und Weiß bemalen. Die Sterne gelb kolorieren und mit Orange schattieren. Alles gut trocknen lassen. Nun erst die Markierungen für die Bohrungen übertragen und einbohren. Am besten funktioniert es mit einer Ständer-Bohrmaschine. Die Löcher im Größenanzeiger von der Rückseite 5 mm tief bohren, die Holzdübel einleimen und trocknen lassen. Den Schriftzug und den Pfeil mit einem schwarzen Lackstift auf den Größenanzeiger schreiben. Den Größenanzeiger in der untersten Bohrung einsetzten und die Höhe des Pfeils mit einem Bleistift auf die Messlatte übertragen. Bei der obersten Bohrung ebenso vorgehen. Den Größenanzeiger beiseite legen und auf der Messlatte zwischen diesen beiden Markierungen mit dem schwarzen Lackstift die Mess-Skala anlegen. Schließlich die Blautöne der Wolken mit den Kreidestiften verfeinern und mit einem Papierwischer verreiben. Für die Sterne die Kreidestifte gelb, hellgelb und orange nutzen und verreiben. Die Latte und den Anzeiger mit Klarlack überziehen. Zum Schluss die Bilderhaken von hinten anschrauben.

TIPP!

Für eine persönliche Note die Zahlen und den Schriftzug mit eigener Handschrift auftragen und eventuell auf die höchste Wolke den Namen des Kindes schreiben.

GUTE-NACHT-BUCHSTÜTZEN

Material
- ★ Pappel-Sperrholz, 10 mm dick
- ★ Farben: weiß, gelb, orange, blau, dunkelblau
- ★ Kreide: weiß, gelb, hellgelb, orange, hellblau, dunkelblau
- ★ 12 Spax-Schrauben, 3 x 30 mm
- ★ schwarzer Lackstift
- ★ matter Klarlack

Zu Beginn die Umrisse der Motive vom Vorlagenbogen auf das Holz übertragen, aussägen und die Kanten mit Schmirgelpapier glätten. Alle Teile mit weißer Lasur grundieren und ausreichend trocknen lassen. Die Wolken mit Blau, Dunkelblau und Weiß gestalten, den Mond und die Sterne mit Gelb und Orange. Die Platten dunkelblau kolorieren und alles gut trocknen lassen. Nun den Wolken mit weißer, hell- und dunkelblauer Kreide Kontur verleihen. Den Mond und die Sterne mit Gelb und Orange schattieren. Für einen lebendigeren Blick in das Auge des Mondes einen weißen Farbtupfer setzen. Mit einem Papierwischer die Kreide einarbeiten und das Auge sowie den Mund mit einem schwarzen Lackstift nachziehen. Alles mit Klarlack fixieren.

Nach dem Trocknen die Flächen jeder Grund- und Seitenplatte laut Vorlage mit einem Bleistift halbieren. Jeweils 5 mm links und rechts neben dieser Mittellinie Markierungen setzen. Nun jeweils eine kleine Grundplatte und eine große Seitenplatte so im rechten Winkel zusammensetzen, dass beide Innenschenkel 15 cm lang sind. Dazu mit einem 3-mm-Bohrer nach Vorlage Löcher vorbohren, damit das Holz nicht ausreißt. Abschließend die Motive zwischen Grund- und Seitenplatten mit den Schrauben zusammenfügen.

Gute-Nacht-Mobile

Material

- ★ Pappel-Sperrholz, 10 mm dick
- ★ Farben: weiß, gelb, orange, blau, dunkelblau
- ★ Kreide: weiß, gelb, hellgelb, orange, hellblau, dunkelblau
- ★ matter Klarlack
- ★ Angelschnur
- ★ dünne Nähnadel
- ★ schwarzer Lackstift

Vier Sterne, zwei Mobileplatten und einen Mond vom Vorlagenbogen auf das Holz übertragen, aussägen und die Kanten mit Schmirgelpapier glätten. Bei der ersten Grundplatte entlang der gestrichelten Linie aussägen und bei der zweiten Platte der durchgezogenen Linie folgen. Beide Grundplatten zur Probe um 90° verschoben zusammensetzen. Lassen sie sich schwer zusammenschieben, die Kanten mit Schmirgelpapier nacharbeiten, bis kein Widerstand mehr vorhanden ist. Die Sterne, den Mond und die Wolken-Enden mit Bohrungen versehen. Beide Grundplatten zusammenschieben und auf der Platte, wo der Zacken des Sternes fehlt, von beiden Seiten auf gleicher Höhe Markierungen setzen. Die Grundplatten auseinander nehmen und mit einem 2-mm-Bohrer durch die Markierung bohren. Nun die Platten wieder zusammensetzen und mit einer dünnen Nadel durch die Bohrung die andere Platte markieren. Das Ganze wieder auseinander nehmen und auch durch die zweite Platte bohren. Um den Mond aufhängen zu können im unteren Bereich der Platten genauso verfahren. Nur hier diagonal bohren. Alle Werkstücke mit weißer Lasur grundieren und über Nacht trocknen lassen.

Das Mondgesicht auf beide Seiten übertragen. Die Sterne und den Mond mit Gelb und Orange gestalten. Die Wolken auf den Grundplatten mit den Blautönen und Weiß ausarbeiten. Alles trocknen lassen. Anschließend die Kreide zum Verfeinern einsetzen und mit einem Papierwischer verreiben. Auge und Mund des Mondes mit einem Lackstift aufzeichnen. Einen Lichtreflex im Auge des Mondes auftragen und alles mit Klarlack fixieren.

Nach dem Trocknen an den Platten jeweils zwei Sterne befestigen. Für den Mond ein langes Stück Angelschnur erst durch die diagonale Bohrung führen. Die zweite Platte nehmen und die Angelschnur durch die gerade Bohrung schieben und die Schnur wieder durch die erste Platte diagonal zurückleiten. Jetzt langsam an beiden Enden ziehen, bis beide Platten ineinander stecken. Den Mond an dieser Schnur aufhängen. Zum Aufhängen des Ganzen durch den obersten Stern ebenfalls Angelschnur schieben und gut verknoten.

TIPP!

Hängen Sie unter jeden Stern einen weiteren Stern. So entsteht ein kleiner Sternenhimmel.

GUTE NACHT!

Material

- ★ Pappel-Sperrholz, 10 mm dick
- ★ Farben: weiß, gelb, orange, blau, dunkelblau
- ★ Kreide: weiß, gelb, hellgelb, orange, hellblau, dunkelblau
- ★ schwarzer Lackstift
- ★ matter Klarlack
- ★ 2 Spax-Schrauben, 3 x 16 mm
- ★ 2 Spax-Schrauben, 3 x 30 mm
- ★ eventuell 1 Bilderhaken
- ★ angespitzter Alustab, 40 cm lang

MOND-STAB

Den Mond auf das Holz übertragen, aussägen und die Kante mit Schmirgelpapier glätten. Den Mond mit weißer Lasur überziehen und über Nacht trocknen lassen. Anschließend den Mond mit Gelb und Orange farblich gestalten. Ist die Farbe trocken, das Auge und den Mund mit einem schwarzem Lackstift nachziehen. Den Rest des Auges mit weißer Farbe ausmalen und einen kleinen weißen Klecks ins Auge geben. Mit gelber und oranger Kreide die Farben verstärken. Um das Auge und den Mund mit Orange die Konturen hervorheben und verreiben. Nun alles mit Klarlack fixieren. Das Loch für den Alustab mit einem 4-mm-Bohrer einbohren und den Stab mit etwas Leim einsetzen.

TÜRKANTENHOCKER

Alle Teile vom Vorlagenbogen auf das Holz übertragen, aussägen und die Kanten mit Schmirgelpapier abrunden. Der Türkantenhocker besteht aus drei Teilen, dem Kantenhocker, einem Abstandhalter und dem Mond. Alles mit weißer Lasur überziehen und über Nacht trocknen lassen. Die Wolken mit Weiß, Blau und Dunkelblau aufmalen. Nach dem Trocknen mit hellblauer, dunkelblauer und weißer Kreide die Farben intensivieren und Schatten sowie Konturen einzeichnen. Einiges mit einem Papierwischer verreiben. Um Akzente zu setzen, einen weißen Kreidestift nutzen. Bei dem Abstandhalter nur die Kanten hellblau anmalen. Den Mond mit Gelb und Orange ausarbeiten. Nach dem Trocknen das Auge und den Mond mit einem schwarzen Lackstift nachziehen. Das Auge mit weißer Farbe ausfüllen und einen kleinen weißen Tupfer ins Auge setzen. Den Mond mit Hilfe der orangen und gelben Kreide schattieren und die Kreide mit einem Papierwischer verreiben. Jetzt alles mit Klarlack fixieren. Den Abstandhalter mit zwei 3 x 16 mm großen Schrauben an den getrockneten Mond schrauben. Ermitteln Sie nun die Position, die der Mond auf dem Kantenhocker einnehmen soll. Achten Sie dabei darauf, dass die Tür noch zu öffnen ist. Dann den Abstandhalter mit dem Mond von hinten mit zwei 3 x 30 mm großen Schrauben am Kantenhocker befestigen. Den Kantenhocker bei einem nicht ausreichend breiten Türrahmen mit einem Bilderhaken an der Wand fixieren.

FRISCHE EFEURANKEN

Material

★ Pappel-Sperrholz, 10 mm dick
★ Farben: grün, hellgrün, grün, dunkelgrün
★ Kreide: dunkelgrün, grün, schwarz, weiß
★ matter Klarlack
★ 5 Möbelknöpfe aus Holz
★ 3 Bilderhaken
★ massives silbernes Klangspiel, Ø 6 mm: 7 cm, 9 cm, 11 cm
★ Angelschnur

Die Konturen der einzelnen Efeumotive auf das Holz übertragen, aussägen und die Kanten mit Schmirgelpapier säubern. Anschließend alles mit einer weißen Lasur überziehen und über Nacht trocknen lassen. Mit den Grüntönen jedes Blatt einzeln ausarbeiten und alles erneut trocknen lassen. Nun mit den dunklen Kreidestiften die Blattadern und die Schatten aufarbeiten und mit einem Papierwischer einreiben. Mit weißer Kreide einige Konturen hervorheben und alles mit Klarlack fixieren.

GARDEROBE FÜR HÜTE

Unbehandelte Möbelknöpfe dunkelgrün kolorieren und nach dem Trocknen mit Klarlack besprühen. Anschließend den Durchmesser der Möbelknopf-Zapfen ausmessen und in dieser Stärke an den markierten Stellen die Bohrungen vornehmen. Die Möbelknöpfe mit etwas Leim einkleben und trocknen lassen. Zuletzt von hinten zwei Bilderhaken anschrauben.

TÜRKANTENHOCKER

Einen Bilderhaken von hinten an den Kantenhocker schrauben, falls der Türrahmen nicht breit genug ist um diesen zu tragen. Das Ganze auf den Türrahmen setzen und die Position des Hakens an der Wand markieren. Einen Schraubhaken mit Dübel in der Wand versenken und das Werkstück daran aufhängen.

KLANGSPIEL

Die markierten Bohrungen mit einem 2-mm-Bohrer durchführen und die Blätter von groß nach klein mit Angelschnur untereinander hängen. Das Klangspiel an das unterste Blatt anhängen. Zum Schluss das Efeu-Klangspiel in der gewünschten Höhe an der Decke befestigen.

Material

- ★ Pappel-Sperrholz, 10 mm dick
- ★ Farben: grün, hellgrün, grün, dunkelgrün
- ★ Kreide: dunkelgrün, grün, schwarz, weiß
- ★ matter Klarlack
- ★ 12 Spax-Schrauben, 3 x 30 mm
- ★ 8 Spax-Schrauben, 3 x 16 mm
- ★ 4 Schraubhaken
- ★ 2 Bilderhaken

Die Motive auf das Holz übertragen, aussägen und die Kanten mit Schmirgelpapier glätten. Für die Efeu-Buchstützen zwei kleine Grundplatten und zwei große Seitenplatten aussägen, dunkelgrün kolorieren und mit Klarlack fixieren.

Das große Blatt für den Teelichthalter zweimal aussägen. In ein Blatt die Löcher sägen, in die später die Teelichter gestellt werden. Alle Teile mit weißer Lasur überziehen und über Nacht trocknen lassen.

Nun mit den Grüntönen jedes einzelne Blatt ausarbeiten. Die Kreide und einen Papierwischer laut Grundanleitung von Seite 5-7 nutzen, um die Schatten und die Blattadern einzuarbeiten. Für einen plastischen Effekt mit der weißen Kreide die Konturen nachziehen. Alles mit Klarlack überziehen.

BUCHSTÜTZEN

Die beiden Platten wie bei den Buchstützen auf S. 7 beschrieben arbeiten. Die Blätter laut Abbildung auf den Hilfspunkten der Grundplatten positionieren. Nun dort, wo die Platten und die Blätter zusammentreffen, auf den Rückseiten der Platten 3 mm große Löcher bohren. Zum Schluss die Blätter mit ebenfalls 3 x 30 mm großen Schrauben befestigen.

TEELICHTHALTER

Das Blatt mit den Löchern auf die Grundplatte setzen und mit einem Bleistift die Kreise auf der unteren Platte markieren. Diese Kreise und die Kanten der Grundplatte mit Dunkelgrün anmalen und alles mit Klarlack fixieren. In das untere Blatt von hinten 3 mm große Löcher bohren. Beide Platten aufeinander legen und mit 3 x 16 mm großen Spax-Schrauben verbinden.

SCHLÜSSELBRETT

Zwei Bilderhaken von hinten anschrauben und vier Haken vorne in das Holz drehen.

BAND
8
Enid Blyton
5 FREUNDE
Roter König – weißer Stern
NICHOLAS SPARKS
Das Lächeln der Sterne
HEYNE

SONNENBLUMENZEIT

Material

- Pappel-Sperrholz, 10 mm dick
- Farben: gelb, orange, dunkelbraun, braun, grün, hellgrün
- Kreide: weiß, gelb, orange, dunkelgrün, braun, schwarz
- matter Klarlack
- hohle goldene Klangstäbe, Ø 8 mm: 14,1 cm, 17 cm, 20,1 cm
- Angelschnur

Zunächst die Motive vom Vorlagenbogen auf das Holz übertragen, aussägen und die Kanten mit Schmirgelpapier glätten. Die Werkstücke mit weißer Lasur versehen und über Nacht trocknen lassen.

Die Blätter mit den Grüntönen herausarbeiten. Die Blütenblätter einzeln mit Gelb sowie Orange bemalen und das Blüteninnere für eine flauschige Wirkung mit Dunkelbraun auftupfen. Nach dem Trocknen einige gelbe Farbtupfer hineinsetzen. Den Blättern mit den dunkelgrünen, grünen sowie schwarzen Kreidestiften Kontur verleihen und mit Weiß an den Umrissen entlangzeichnen. Anschließend die Blattadern mit dem dunkelgrünen Kreidestift einzeichnen. Nun um die Blütenmitte mit Braun herumzeichnen und einzelne Konturen der Blütenblätter hervorheben. Mit dem weißen Kreidestift die Abgrenzungen der Blütenblätter vornehmen. Abschließend alles mit Klarlack besprühen.

TÜRKANTENHOCKER

Wenn der Türrahmen dünner sein sollte als der Sonnenblumen-Türkantenhocker, wird auf der Rückseite ein Bilderhaken montiert. Einen Schraubhaken mit Dübel in der Wand versenken und daran den Kantenhocker aufhängen.

KLANGSPIEL

Nach dem Trocknen in die Blätter und Blüten an den markierten Stellen 2 mm große Löcher bohren. Die Motivteile mit Angelschnur verbinden. Zum Schluss am unteren Blatt das Klangspiel anhängen.

IN DER NÄHE EINES FENSTERS AUFGEHÄNGT, ERFREUT SIE DAS KLANGSPIEL DURCH SEINEN ANBLICK UND SEINE ZARTEN TÖNE.

Material

- Pappel-Sperrholz, 10 mm dick
- Farben: gelb, orange, dunkelbraun, braun, grün, hellgrün
- Kreide: weiß, gelb, orange, dunkelgrün, braun, schwarz
- matter Klarlack
- 12 Spax-Schrauben, 3 x 30 mm
- 6 Spax-Schrauben, 3 x 16 mm
- 3 Schraubhaken
- Bilderhaken
- angespitzter Alustab, 40 cm

Die Einzelteile auf das Holz übertragen, aussägen und die Kanten mit Schmirgelpapier schleifen. Eine weiße Lasur auftragen und über Nacht trocknen lassen. Die Grund- und Seitenplatten für die Buchstützen von allen Seiten mit Dunkelgrün bemalen. Die Blätter einzeln mit den Grüntönen ausarbeiten. Bei der Blüte jedes Blütenblatt nacheinander mit Gelb und Orange kolorieren, die Mitte mit Braun tupfen. In das getrocknete Braun gelbe Farbtupfer setzen. Die dunkelgrüne und schwarze Kreide bei den Blättern einsetzen. Das Schwarz für die Blattadern nutzen und das Dunkelgrün mit dem Schwarz, um die Schatten auszuarbeiten. Die Kreide verreiben. Nun mit einem weißen Kreidestift die Konturen unterstützen und mit Gelb und Orange Betonungen auf die Blütenblätter legen. Die Mitte jeder Blüte leicht mit Braun schattieren und einzelne Konturen der Blütenblätter hervorheben. Zum Schluss mit Weiß Akzente auf jedes Blatt setzen und alles mit Klarlack fixieren.

BUCHSTÜTZEN

Die Platten wie bei den Buchstützen auf S. 7 beschrieben arbeiten. Anschließend die Blattmotive zwischen die Hilfspunkte setzen, Löcher vorbohren, wo die Platten und die Blätter aufeinanderliegen und diese mit 3 x 30 mm großen Schrauben verschrauben. Nun die Sonnenblumen auf die Blattmotive legen, ausrichten und von hinten mit jeweils drei 3 x 16 mm großen Schrauben verschrauben.

SCHLÜSSELBRETT

In die ausgearbeitete Sonnenblume drei Haken eindrehen und von hinten einen Bilderhaken anschrauben.

STAB-SONNENBLUME

Mit einem 4-mm-Bohrer ein Loch in die Kante der Sonnenblume bohren. Zuletzt einen Alustab mit etwas Leim einkleben und trocknen lassen.

Tipp! Die Stab-Sonnenblume kann, da sie lackiert ist, auch in den Garten gesetzt werden. Zusammen mit ein paar weiteren Stab-Sonnenblumen erhalten Sie eine schöne Dekoration für Ihr Blumenbeet.

P. MAAR • AM SAMSTAG KAM DAS SAMS ZURÜCK
Willy Breinholst Hallo Mama, was steht da?
Annelie Otten Die kleine Lügenhexe
BAND 7
5 FREUNDE im Zeltlager
Enid Blyton

BUNTES HERBSTLAUB

Material

- ★ Pappel-Sperrholz, 10 mm dick
- ★ Farben: gelb, dunkelorange, grün, dunkelgrün, braun
- ★ Kreide: weiß, gelb, orange, gelbgrün,
- ★ dunkelgrün, schwarz
- ★ matter Klarlack
- ★ 3 Schraubhaken
- ★ Bilderhaken

TÜRKANTENHOCKER

Den Türkantenhocker vom Vorlagenbogen auf das Holz übertragen. Das Motiv aussägen und die Kanten mit Schmirgelpapier glätten. Auf das Ganze weiße Lasur aufbringen und über Nacht trocknen lassen.

Nun die Efeublätter grün und dunkelgrün gestalten, die Eichenblätter nur mit Dunkelgrün anmalen und braune Farbtupfer dazusetzen. Die Ahornblätter hingegen mit Gelb und Dunkelorange sehr hell ausarbeiten. Das Lindenblatt mit Dunkelorange, Grün, Braun und Dunkelgrün anlegen. Die Blätter zum Füllen des Kantenhockers mit Gelb und Grün der Kontur folgend kolorieren. Nun jedes Blatt mit Kreide ausarbeiten. Mit Gelb, Gelbgrün und Dunkelgrün die Flächen der Blätter bearbeiten, damit sie plastischer wirken. Die Blattadern und die äußeren Konturen mit einem schwarzen Kreidestift auftragen. Dort wo Blätter übereinanderliegen, auf dem unteren Blatt einen Schatten mit Schwarz und Dunkelgrün entlang des oberen Blattes ziehen und die Kreide mit einem Papierwischer verreiben. Der weiße Kreidestift dient zum Setzen von Akzenten entlang der Konturen. Das Ganze mit Klarlack fixieren.

Sollte der Türrahmen den Kantenhocker nicht richtig halten, von hinten einen Bilderhaken anschrauben, der sich an einem versenkten Schraubhaken mit Dübel aufhängen lässt.

SCHLÜSSELBRETT

Zunächst das Ahornblatt aussägen, die Kanten mit Schmirgelpapier glätten und weiße Lasur auftragen. Nach dem Trocknen das Blatt in den typischen Herbstfarben gelb und dunkelorange gestalten. Die Farben trocknen lassen und anschließend gelbe und orange Kreide zur Unterstützung der Farbintensität einsetzen. Die schwarze Kreide für die Konturen und Blattadern nutzen. Nun mit weißer Kreide entlang der Konturen Akzente setzen. Das Ahornblatt mit Klarlack besprühen und trocknen lassen.

Zuletzt drei Haken ins Holz drehen und zum Aufhängen von hinten einen Bilderhaken anschrauben.

GIRLANDE

Material

- ★ Pappel-Sperrholz, 10 mm dick
- ★ Farben: gelb, dunkelorange, grün, dunkelgrün, braun
- ★ Kreide: weiß, gelb, orange, gelbgrün, dunkelgrün, schwarz
- ★ matter Klarlack
- ★ Angelschnur
- ★ eventuell 1 Rundhaken für die Decke

Die verschiedenen Blätter in beliebiger Anzahl aufs Holz übertragen, aussägen und die Kanten mit Schmirgelpapier bearbeiten. Alle Teile mit weißer Lasur versehen und über Nacht trocknen lassen.

Nun an den markierten Stellen mit einem 2-mm-Bohrer Bohrungen durchführen. Ein Efeublatt mit den Farben Grün und Dunkelgrün gestalten, ein Eichenblatt nur mit Dunkelgrün anmalen und braune Farbtupfer setzen. Ein Ahornblatt mit leuchtendem Gelb und Dunkelorange kolorieren und ein Lindenblatt mit Orange, Grün, Braun und Dunkelgrün. Die kleinen Blätter mit Gelb und Grün verzieren. Anschließend alle Blätter zur Unterstützung der einzelnen Farben mit Kreide bearbeiten. Die Ausführung der Blattadern und der Umrandungen erfolgt mit Schwarz. Einen weißen Kreidestift entlang der Konturen einsetzen. Schließlich alles mit Klarlack fixieren.

Alle Blätter in einer beliebigen Reihenfolge aufhängen. Dabei darauf achten, dass zwischen den einzelnen Blättern immer der gleiche Abstand ist. Die Länge vorher ausmessen, wenn die Girlande von der Decke bis zum Boden hängen soll. Um ein Schwingen im Wind zu vermeiden, kann am untersten Blatt mit einem längeren Stück Angelschnur ein Stein angebunden werden.

GARDEROBE

Material

- ★ Pappel-Sperrholz, 10 mm dick
- ★ Farben: gelb, dunkelorange, grün, dunkelgrün, braun
- ★ Kreide: weiß, gelb, orange, gelbgrün, dunkelgrün, schwarz
- ★ matter Klarlack
- ★ 3 Möbelknöpfe
- ★ 2 Bilderhaken

Die Vorlage auf das Holz übertragen, aussägen, die Kanten abrunden und mit weißer Lasur bemalen.

Nach dem Trocknen jedes Blatt der Garderobe einzeln ausarbeiten. Die Efeublätter mit Grün und Dunkelgrün bemalen, für die Eichenblätter nur die dunkelgrüne Farbe einsetzen und dunkelbraune Farbtupfer aufsetzen. Nun Gelb und Dunkelorange für die Ahornblätter auftragen. Die Blätter zum Füllen mit Gelb und Grün kolorieren. Das Lindenblatt mit Gelb, Orange, Grün, Dunkelgrün und Braun ausarbeiten. Anschließend die farblich passenden Kreiden auf den Blättern einsetzen, um die Farben hervorzuheben. Mit der dunkelgrünen und schwarzen Kreide Schatten einarbeiten. Bei jedem unterem Blatt an den Konturen der darüber liegenden Blätter entlangfahren und diese dann mit einem Papierwischer verreiben. Die Konturen, die Blattadern und die Umrandungen mit dem schwarzen Kreidestift ziehen. Anschließend auf allen Blättern mit Weiß Akzente setzen und die Garderobe mit Klarlack fixieren.

Falls die Möbelknöpfe noch unbehandelt sind, die gewünschte Farbe auftragen, trocknen lassen und mit Klarlack besprühen. Den Durchmesser der Möbelknopf-Zapfen ausmessen, in dieser Größe Löcher in die gewünschten Stellen bohren und die bemalten Knöpfe mit Leim einsetzen. Zum Schluss von hinten zwei Bilderhaken anbringen und die fertige Garderobe an die Wand hängen.

Material

- ★ Pappel-Sperrholz, 10 mm dick
- ★ Farben: gelb, dunkelorange, grün, dunkelgrün, braun
- ★ Kreide: weiß, gelb, orange, gelbgrün, dunkelgrün, schwarz
- ★ matter Klarlack
- ★ 2 Dübelstangen, Ø 4 mm, 1,6 cm lang
- ★ je Teelichthalter 3 Spax-Schrauben, 3 x 16 mm

TEELICHTHALTER

Die Blätter je Teelichthalter zweimal aufs Holz übertragen. Dabei in einem Blatt die Löcher für die Teelichter markieren. Die Blätter und die Markierungen der Löcher aussägen und die Kanten mit Schmirgelpapier glätten. Alle Teile mit weißer Lasur überziehen und über Nacht trocknen lassen.

Das untere Lindenblatt dunkelgrün bemalen. Die Kanten des oberen Blattes mit Dunkelgrün und die Deckfläche mit Dunkelorange, Grün, Dunkelgrün sowie Braun ausarbeiten. Nach dem Trocknen mit farbigen Kreidestiften die Intensität der Farben erhöhen. Die Kreide anschließend mit einem Papierwischer verreiben. Nun schwarze Kreide zum Umranden und Einzeichnen der Blattadern nutzen und alles mit Klarlack fixieren.

Zwei getrocknete Blätter übereinander legen, von unten mit einem 3-mm-Bohrer drei Löcher vorbohren und den Teelichthalter mit 3 x 16 mm großen Schrauben zusammenschrauben. **Vorsicht!** Nicht durchbohren!

SERVIETTENRINGE

Zunächst die Serviettenringe in der gewünschten Anzahl auf das Holz übertragen, aussägen und die Kanten mit Schmirgelpapier bearbeiten. Die Ringe mit weißer Lasur bestreichen und über Nacht trocknen lassen. Die Blätter komplett mit Dunkelgrün bemalen. Die Vorderseite außerdem mit Grün gestalten und nach dem Trocknen mit schwarzer Kreide die Konturen und Blattadern aufzeichnen. Nun mit weißer Kreide Akzente setzen. Zuletzt alle Seiten mit Klarlack überziehen.

SERVIETTENHALTER

Die Einzelteile des Serviettenhalters auf das Holz übertragen, aussägen und die Kanten mit Schmirgelpapier glätten. Alles mit weißer Lasur anmalen und über Nacht trocknen lassen.

Die Rückseiten und die Kanten der Blätter sowie den Mittelsteg dunkelorange kolorieren. Nach dem Trocknen die Vorderseiten mit Gelb und Dunkelorange gestalten. Nun gelbe und orange Kreide zur Belebung der Farben einsetzen. Mit schwarzer Kreide die Konturen sowie die Blattadern nachziehen und mit Weiß Akzente setzen. Schließlich alles mit Klarlack fixieren. Nach dem Trocknen am Mittelsteg in die Längskanten ca. 2 cm von jedem Ende entfernt eine 8 mm tiefe Bohrung mit einem 4-mm-Bohrer ausführen. Die Bohrungen auf die Rückseite der Blätter übertragen und dort mit dem 4-mm-Bohrer 8 mm tief bohren. **Vorsicht!** Nicht durchbohren! Zum Schluss die gesägten Dübelstangen mit Leim in den Mittelsteg einsetzen und beide Blätter aufsetzen.

SONNE, MOND UND STERNE

Material

★ Pappel-Sperrholz, 10 mm dick
★ Farben: weiß, gelb, orange, gelbbraun, dunkelviolett
★ Kreide: weiß, gelb, orange, gelbbraun, braun, dunkelbraun, violett
★ 2 Spax-Schrauben, 3 x 16 mm
★ 3 Spax-Schrauben, 3 x 25 mm
★ eventuell 1 Bilderhaken
★ angespitzter Alustab, 40 cm lang
★ Klarlack

TÜRKANTENHOCKER

Zunächst alle Teile des Kantenhockers auf das Holz übertragen, aussägen und die Kanten mit Schmirgelpapier glätten. Alles mit weißer Lasur überziehen und über Nacht trocknen lassen.

Bei dem Mond die rechte Gesichtshälfte mit Weiß, Gelbbraun und ein wenig Braun ausarbeiten. Die linke Seite mit Weiß, Gelb und Orange gestalten. Nun nur die Kanten des Abstandhalters dunkelviolett bemalen. Die Wolken mit Weiß sowie Dunkelviolett und die Sterne gelb und orange ausmalen. Anschließend beim Mond Kreide zur Unterstützung der Farben einsetzen. An der rechten Gesichtshälfte die Schatten und die Konturen mit Gelbbraun, Braun und Dunkelbraun ausarbeiten. Bei der linken Hälfte intensivieren gelbe, orange und braune Kreiden die Farben. Für einen weicheren Übergang die Kreiden mit einem Papierwischer verreiben. Zuletzt auf beiden Gesichtshälften weiße Akzente setzen. Jetzt die Wolken mit weißer und violetter Kreide nacharbeiten und mit dem Papierwischer verreiben. Alle Teile mit Klarlack besprühen.

Nach dem Trocknen den Abstandhalter auf die Rückseite des Mondes legen, vorsichtig zwei 3 mm große Löcher ein-, aber nicht durchbohren und beides mit den 3 x 16 mm großen Schrauben verbinden. Den Mond nun von der Rückseite des Kantenhockers aus mit den 3 x 25 mm großen Schrauben anschrauben. Auch dafür vorher Löcher in den Kantenhocker bohren. Falls der Kantenhocker nicht fest auf dem Türrahmen sitzt, einen Bilderhaken anschrauben, der das Ganze an der Wand hält.

STAB-MOND

Den Mond vom Vorlagenbogen auf das Holz übertragen, aussägen und die Kanten mit Schmirgelpapier glätten. Das Motiv von allen Seiten mit einer weißen Lasur überziehen und über Nacht trocknen lassen.

Nun den Mond laut Abbildung weiß, gelb und orange gestalten. Die Rückseite entweder auch mit einem Gesicht bemalen oder einfach nur orange kolorieren. Gelbe, orange und braune Kreidestifte zur Unterstützung der Farbe verwenden und verwischen. Mit Weiß einige Akzente setzen und den Mond komplett mit Klarlack besprühen. Nach dem Trocknen ein Loch mit einem 4-mm-Bohrer in die untere Kante bohren und mit Leim einen Alustab einsetzen.

NOTIZHALTER MIT SCHLÜSSELBRETT

Material

- ★ Pappel-Sperrholz, 10 mm dick
- ★ Tischlerplatte, 28,8 x 6 x 1,6 cm
- ★ Farben: weiß, gelb, orange, gelbbraun, dunkelviolett
- ★ Kreide: weiß, gelb, orange, gelbbraun, braun, dunkelbraun, violett
- ★ matter Klarlack
- ★ 1 Bilderhaken
- ★ 4 Schraubhaken
- ★ 3 durchsichtig ummantelte Stahlseile, Ø 4 mm, 30 cm lang
- ★ 6 Krokodilklemmen (müssen auf das Stahlseil passen)
- ★ 6 Schrumpfschläuche, je 1,5 cm lang (Elektro-Fachhandel)
- ★ 3 kleine Stiftnägel
- ★ 3 Spax-Schrauben, 3 x 16 mm
- ★ 6 Spax-Schrauben, 3,5 x 25 mm
- ★ Fön

Alle Teile vom Vorlagenbogen auf das Holz übertragen, aussägen, die Kanten mit Schmirgelpapier bearbeiten alles mit weißer Lasur versehen. Die Wolkenplatte nach dem Trocknen mit Weiß und Dunkelviolett gestalten. Das Gesicht und die Grundplatte der Sonne mit Gelb und Orange versehen. Das getrocknete Gesicht mit gelben, orangen und braunen Kreidestiften ausarbeiten und die Kreide mit einem Papierwischer verreiben. Die Augen mit kleinen weißen Akzenten ausstatten. Die plastische Wolkenform mit weißer und dunkelvioletter Kreide hervorheben. Nun alles mit Klarlack überziehen.

Die Tischlerplatte an drei Stellen mit einem 4-mm-Bohrer seitlich durchbohren. Durch jede Bohrung ein Stahlseil schieben, bis es auf beiden Seiten gleich lang ist. Einen Schrumpfschlauch von beiden Seiten aufziehen und je eine Krokodilklemme auf jedem Ende des Stahlseils zusammenpressen. Den Schrumpfschlauch über die Pressstelle ziehen und den Schlauch mit der warmen Luft eines Föns zum Schrumpfen bringen. In Höhe der Stahlseile je einen Stiftnagel mittig in die Tischlerplatte einarbeiten, damit die Seile fixiert sind. Schließlich einen Bilderhaken anschrauben.

Die getrockneten Sonnenteile zusammenlegen und von hinten mit den kleinen Schrauben fixieren. Die Sonne mit zwei 3,5 x 25 mm großen Schrauben von hinten an den Wolken anschrauben. Die Tischlerplatte auf die Rückseite der Wolkenplatte legen und die Teile mit vier 3,5 x 25 mm großen Schrauben zusammenschrauben. Zuletzt auf der Wolkenplatte vier Schraubhaken eindrehen.

Julias Geburtstag!
besorgen!
Mittwoch Kinoabend
Papa anrufen

Material für Sonne

- ★ Pappel-Sperrholz, 10 mm dick
- ★ Farben: weiß, gelb, orange
- ★ Kreide: weiß, gelb, orange, braun
- ★ matter Klarlack
- ★ Bilderhaken
- ★ 4 Spax-Schrauben, 3 x 16 mm

Material für Sonne mit Planeten

- ★ Pappel-Sperrholz, 10 mm dick
- ★ Farben: weiß, gelb, orange, rot, grün, blau, braun, schwarz
- ★ Kreide: weiß, gelb, orange, braun
- ★ matter Klarlack
- ★ schwarzer Lackstift
- ★ Bilderhaken
- ★ 13 Spax-Schrauben, 3 x 16 mm

SONNE

Die zweiteilige Sonne mit den Spitzen an den langen Strahlen vom Vorlagenbogen auf das Holz übertragen, aussägen und die Kanten mit Schmirgelpapier glätten. Beide Teile mit weißer Lasur grundieren und über Nacht trocknen lassen. Das Strahlenteil gelb und orange kolorieren. Anschließend das Gesicht mit Weiß, Gelb und Orange bemalen. Die Farben mit gelben und orangen Kreidestiften intensivieren und die Kreide mit einem Papierwischer verreiben. Nun mit einem braunen Kreidestift die Konturen hervorheben. Einen weißen Kreidestift für die Augen sowie die Lippen nutzen und beide Teile mit Klarlack besprühen. Nach dem Trocknen an der Rückseite der Strahlenplatte einen Bilderhaken befestigen. Das Gesicht auf die Strahlenplatte legen, ausrichten und von der Rückseite mit einem 3-mm-Bohrer vier Löcher vorbohren und beide Teile mit Schrauben verbinden.

SONNE MIT PLANETEN

Die zweiteilige Sonne mit den Abrundungen an den langen Strahlen und die neun Planeten vom Vorlagenbogen auf das Holz übertragen und aussägen. Alles mit weißer Lasur grundieren und trocknen lassen. Das Strahlenteil gelb und orange bemalen. Das Gesicht mit Weiß, Gelb und Orange gestalten. Zum Intensivieren der Farben gelbe und orange Kreide auftragen und diese mit einem Papierwischer verreiben. Mit einem braunen Kreidestift die Konturen hervorheben und einen weißen für die Augen und die Lippen nutzen. Die Planeten laut Abbildung mit folgenden Farben anmalen: Merkur weiß und gelb, die Venus weiß und blau, die Erde weiß, grün und blau, den Mars weiß, gelb und rot, den Jupiter weiß, rot und braun, den Saturn weiß, rot, braun und schwarz, den Uranus weiß und grün, den Neptun weiß und blau sowie den Pluto gelb. Auf die Strahlenplatte mit einem schwarzen Lackstift die Namen der Planeten schreiben. Mit einem Zirkel den Durchmesser des Gesichts + 5 mm auf der Strahlenplatte markieren. Auf diesem Bogen die „Eselsbrücke" notieren und die Bleistiftlinie wieder vorsichtig mit einem Radiergummi entfernen. Jetzt alle Teile lackieren. Nach dem Trocknen das Gesicht auf die Strahlenplatte legen, ausrichten, und von der Rückseite mit vier Schrauben befestigen. Nun mit einem 3-mm-Bohrer vorsichtig Löcher in den langen Strahlen vorbohren und die Planeten in der richtigen Reihenfolge mit Schrauben und Leim montieren. Einen Bilderhaken von hinten anschrauben und …

… FERTIG IST DAS SONNENSYSTEM!

GARDEROBE

Material

- ★ Pappel-Sperrholz, 10 mm dick
- ★ Farben: weiß, gelb, orange, gelbbraun, dunkelviolett
- ★ Kreide: weiß, gelb, orange, gelbbraun, braun, dunkelbraun, violett
- ★ matter Klarlack
- ★ 2 Bilderhaken
- ★ 2 Möbelknöpfe

Zu Beginn die Garderobe vom Vorlagenbogen auf das Holz übertragen, aussägen und die Kanten mit Schmirgelpapier bearbeiten. Nun weiße Lasur auftragen und diese über Nacht trocknen lassen.

Die rechte Gesichtshälfte des Mondes mit Weiß, Gelbbraun und ein wenig Braun gestalten. Die linke Hälfte weiß, gelb und orange ausarbeiten. Auf den getrockneten Farben Kreide zur Unterstützung der Farbintensität einsetzen. Auf der rechten Gesichtshälfte Weiß und Gelbbraun auftragen und mit einem Papierwischer verreiben. Die linke Hälfte mit Weiß, Gelb und Orange ausarbeiten. Die Konturen mit einem braunen Kreidestift auf beiden Gesichtern nachziehen und mit Weiß einige Akzente setzen. Die Wolken mit den Farben Weiß und Dunkelviolett gestalten. Nach dem Trocknen die Wolken mit weißer und violetter Kreide ausarbeiten. Zum Abschluss die Garderobe mit Klarlack lackieren.

Unbehandelte Möbelknöpfe mit dunkelvioletter Farbe anmalen und nach dem Trocknen mit Klarlack besprühen. Schließlich den Durchmesser der Möbelknopf-Zapfen ausmessen, in der gleichen Stärke an den Markierungen Löcher bohren und die Knöpfe mit Leim einsetzen. Von hinten auf gleicher Höhe zwei Bilderhaken anschrauben und die Garderobe ist fertig zum Aufhängen.